POR QUE A ALEGRIA?

PIUS-AIMONE REGGIO

POR QUE A ALEGRIA?

2ª edição

São Paulo

2022

Título original
Vergiss die Freude nicht?

Copyright © 2022, Quadrante Editora

Capa
Gabriela Haeitmann

Dados Internacionais de Catalogação na Publicação (CIP)

Reggio, Pius-Aimone
   Por que a alegria? / Pius-Aimone Reggio. – 2ª. edição – São Paulo : Quadrante, 2022.

   Título original: *Vergiss die Freude nicht?*
   ISBN: 978-85-54991-62-3

   1. Alegria 2. Amor 3. Autoestima - Aspectos religiosos 4. Deus - Amor 5. Fé 6. Humildade 7. Otimismo I. Título.

CDD-241.4

Índice para catálogo sistemático:
1. Alegria : Cristianismo 241.4

Todos os direitos reservados a
QUADRANTE EDITORA
Rua Bernardo da Veiga, 47 - Tel.: 3873-2270
CEP 01252-020 - São Paulo - SP
www.quadrante.com.br / atendimento@quadrante.com.br

Sumário

Prólogo, 7

Por que a alegria?, 11

O que é a alegria?, 19

A alegria e o cristão, 27

A alegria do cristão, 35

A alegria da esperança, 47

Te Deum, 67

Apêndice: O lírio e o pássaro, 71

Epílogo, 93

Prólogo

O cristão precisa da alegria mais do que ninguém. A tristeza é nociva para todos, mas para ele é funesta. Este foi o motivo que me levou a escrever estas páginas.

A alegria de que aqui se trata não é uma alegria qualquer. Não é aquela que facilmente se confunde com o prazer. Embora seja correto afirmar que, no homem, o prazer se faz acompanhar de uma certa alegria, a alegria bem entendida é de natureza espiritual, ao passo que o prazer é de natureza sensorial: a alegria procede de um juízo da razão, ao passo que o prazer decorre de uma sensação. Há até alegrias que não são sensí-

veis, e que, portanto, não são acompanhadas de prazer e vibram apenas no mais íntimo do espírito: alegrias do pensamento e da contemplação, da entrega própria aos outros e do sacrifício. A alegria de que falaremos aqui faz parte destas últimas.

É uma das mais espirituais dentre as alegrias espirituais, uma alegria profunda, mais profunda que a dor profunda, e que só se encontra na profundidade. É capaz de subsistir no meio de todo o gênero de provas e mesmo de amarguras. É uma alegria da eternidade que anseia pela eternidade; que dá testemunho da grandeza do homem e da liberdade inerente à sua natureza, pois se mostra capaz de elevar-se acima do momento presente, por mais difícil que este possa ser. É aquela alegria que os Apóstolos experimentavam de cada vez que tinham de sofrer alguma coisa em nome de Jesus[1], e que dá asas ao cristão, esse ser inevitavelmente provado. Em resumo, trata-se da alegria que é própria da

---

(1) At 5, 41.

natureza da Encarnação, da alegria que nasceu com Cristo e que, como o amor, é mais forte que a morte.

Por que a alegria?

Temos de convencer-nos de que a alegria é sobretudo uma das nossas maiores obrigações.

Em primeiro lugar, é uma obrigação para com Deus, pois Ele nos criou para a alegria, fez de nós criaturas alegres e a nossa alegria é o primeiro tributo que lhe devemos prestar, a maneira mais simples e sincera de lhe demonstrarmos que temos consciência dos dons da natureza e da graça e que estamos agradecidos por eles. Quando alguém nos oferece um presente, a retribuição que espera de nós consiste menos no nosso agradecimento do que na nossa alegria, e é esta que o faz sentir-se realmente recompensado. Passa-se exatamente o mesmo nas nossas relações com

Deus, e por isso devemos alegrar-nos com tudo o que Ele nos dá.

Além disso, a alegria é uma obrigação para com Deus porque constitui a melhor prova da Sua «verdade». A nossa alegria, com efeito, dá testemunho, por si mesma, de que o nosso Deus é o Deus vivo e verdadeiro. Os homens precisam de *provas* para crer, e não há melhor prova que a alegria do cristão. É tanto ou mais convincente que o amor. O amor pode enganar, mas a alegria – e refiro-me, naturalmente, à alegria profunda e inabalável – não engana. Só o que é verdadeiro e autêntico tem o poder de proporcionar semelhante alegria, e aquilo que proporciona alegria traz consigo a segura garantia da sua verdade. O Deus do Evangelho proporciona alegria? Esta é a questão. «Os salvos teriam de parecer mais salvos para fazer-me acreditar no seu Salvador», dizia Nietzsche. Através da alegria – e somente através dela – parecemos salvos, de modo que a alegria é uma obrigação para com Deus.

Também é uma obrigação para com o próximo. Todos os nossos deveres para com o próximo podem ser resumidos nesta frase simples: *proporcionar alegria*. São Paulo dizia: *Levai uns as cargas dos outros, e assim cumprireis a lei de Cristo* (Gl 6, 2). O que significa levar a carga de outro? Significa tentar fazer-lhe a vida mais leve, isto é, proporcionar-lhe alegria, pois esta traz precisamente uma sensação de alívio. A alegria dá-nos vontade de dançar, mas não se pode dançar com um fardo às costas. Facilitemos, pois, a alegria aos outros.

E não descuidemos as pequenas alegrias, aquelas que, apesar de serem as mais simples e de parecerem insignificantes, são frequentemente as que melhor permitem aos outros sentir que os consideramos e prezamos: uma prova de interesse, um elogio, uma palavra amável, um sorriso. São coisas pequenas, mas que tornam a vida mais fácil; e é disto que se trata.

O que é propriamente uma boa ação? «É – diz Maomé com grande elegância – aquela que faz aflorar um sorriso no semblante do outro». Pratiquemos estas ações que fazem brotar sorrisos nos outros, e nós mesmos encontraremos alegria nisso. Lembremo-nos dos versos de Verlaine:

Allez, rien n'est meilleur à l'âme
Que de faire une âme moins triste![1]

«Sempre fica um pouco de fragrância na mão que oferece rosas», diz graciosamente um adágio chinês. É nisso que encontraremos a alegria e cumpriremos a lei de Cristo.

O próprio Cristo chegou a nós na alegria, e não na aflição. Os *seus* mistérios são todos mistérios de alegria; os mistérios dolorosos foram provocados por *nós*. Ele veio proclamar-nos uma mensagem de júbilo e proporcionar-nos os meios para convertermos toda a nossa tristeza em alegria, e numa alegria imperecível. Fez o seu primeiro milagre numa festa de casamento: transformou a água em vinho bom, a fim de contribuir para a alegria

---

(1) Verlaine, *Sagesse*: «Vede que nada é melhor para a alma que suavizar a tristeza de uma alma».

da gente de condição modesta que o tinha convidado. E isto deve levar-nos a meditar num grande pensamento: *Não se pode amar os homens sem amar a sua alegria*[2].

Quem ama os homens ama também a sua alegria. São coisas que não se podem separar. Amamos a alegria dos outros? Que fazemos para promovê-la? São perguntas a que não deveríamos furtar-nos. Infelizmente, não se pode dar o que não se tem. Cristo dá-nos alegria porque o seu coração transborda dela: *Disse-vos estas coisas para que a minha alegria esteja em vós e a vossa alegria seja completa* (Jo 15, 11). Temos, portanto, que cultivar a alegria para cumprir a lei de Cristo; e isto é uma obrigação para com o próximo.

Por último, também é uma obrigação para conosco. O nosso equilíbrio físico e psíquico depende disso. *Um coração alegre melhora o corpo; um espírito triste seca os ossos*, dizem as Escrituras (Pr 17, 22). Isto é literal-

---

(2) Cf. Dostoievski, *Os irmãos Karamazov*, III, livro 7, n. 4.

mente certo. A alegria ajuda a respirar melhor, e com isso favorece a circulação sanguínea e uma melhor alimentação das células nervosas. A depressão psíquica dificulta a atividade cardíaca e envenena o organismo.

«Nos círculos médicos, sabe-se perfeitamente que as nossas emoções provocam em geral mais esgotamento que o puro trabalho físico... Mediante exames do metabolismo, demonstra-se que a pressão arterial e o consumo de oxigênio caem sensivelmente quando alguém se aborrece; e o metabolismo volta à normalidade logo que a pessoa começa a interessar-se pelo seu trabalho»[3].

Os dias em que não rimos estão entre os piores da nossa vida. As ideias sombrias e os pensamentos tristes não provêm de Deus, e é preciso atribuí-los ao diabo. Os pensa-

---

(3) Dale Carnegie, *Triomphez de vos soucis*, Flammarion, p. 270.

mentos de Deus são pensamentos de paz e de alegria no Espírito Santo, como diz São Paulo (cf. Rm 14, 17).

Isto leva-nos a considerar a segunda razão pela qual a alegria é uma obrigação para conosco: e essa razão é que a alegria é absolutamente indispensável na vida espiritual. *O homem não pode viver longo tempo sem alegria*, coisa que Aristóteles já observou há mais de vinte séculos. E é ainda mais necessária quando se trata de progredir na vida – que é uma lei que rege inteiramente a vida espiritual.

São Tomás de Aquino adverte-nos claramente quanto a isto: «*Necessarium est cuilibet volenti proficere, quod habeat spirituale gaudium* – Todo aquele que quiser progredir na vida espiritual tem necessidade absoluta de alegria»[4]. Sem alegria, não há santidade. Não é por acaso que São Paulo coloca a exortação à alegria antes da exortação à perfeição: *Gaudete, perfecti estote* – «Alegrai-vos,

---

(4) *Comm. in ep. ad Philip.*, c. 4, lect. 1.

aperfeiçoai-vos» (2 Cor 13, 11). E isto é fácil de compreender.

Só se faz bem aquilo que se faz com alegria. Só são perfeitas as ações que se realizam na alegria. E perfeitas são as ações que aumentam diretamente o amor em nós. *Correrei pelo caminho dos teus mandamentos quando dilatares o meu coração* (Sl 118, 32). E o que dilata o coração é a alegria. O esposo do Cântico dos Cânticos salta de alegria sobre montes e colinas (Ct 2, 8). *A alegria do Senhor será a vossa força*, lemos também na Sagrada Escritura (Ne 8, 10). A alegria em Deus é a nossa grande força, o estado da alma absolutamente necessário para o perfeito cumprimento das nossas obrigações. E quanto mais elevadas estas forem, tanto mais terá de elevar-se a nossa alegria.

O que é a alegria?

Acabamos de ver a necessidade da alegria e consideramos que é uma obrigação que temos para com Deus, para com o próximo e para conosco. Mas o que é a alegria?

É surpreendente observar que as palavras mais correntes e importantes do idioma, das quais os homens e as mulheres de todos os países se servem com maior frequência, são as mesmas cujo autêntico conteúdo está menos definido no seu espírito. Todos os homens e mulheres falam de amor, de liberdade, de alegria e de muitas outras coisas, mas são muito poucos os que realmente sabem do que é que falam quando utilizam essas palavras.

Para evitar semelhante inconveniente, propomo-nos averiguar o que é essa alegria que se nos mostra tão necessária. Ao mesmo tempo, iremos vendo que caminho nos conduz a ela.

Sempre que tratamos de esclarecer um conceito, acabamos por concluir que não há melhor mestre a quem recorrer do que São Tomás de Aquino. São Tomás tratou detalhadamente do tema da alegria, e como sempre define com exatidão aquilo de que fala, podemos ter a certeza de estarmos bem servidos por ele. Com efeito, encontramos na *Summa theologica* um artigo intitulado «É a alegria uma virtude?»[1] Esta maneira de suscitar a questão pode parecer ociosa ao não iniciado, mas um exame mais acurado mostra como é acertada.

A alegria não é uma virtude, declara São Tomás, mas sim o ato, o fruto de uma virtude – e é muito importante sabê-lo, pois significa que não se chega à alegria diretamente.

Adquire-se ou desenvolve-se uma virtude mediante o exercício dos atos que lhe são pró-

---

(1) *S. th.* 2-2, q. 28, a. 4.

prios. Posso dizer para mim mesmo, sem rodeios: «De agora em diante, vou ser prudente, justo, forte e sóbrio», e dedicar-me, sem perda de tempo, à prática da prudência, da justiça, da fortaleza e da temperança. Mas a alegria não pode ser adquirida através do riso, do canto ou da dança. Não posso simplesmente dizer de mim para mim: «Agora vou ficar alegre», e pensar que o consegui só por ter-me obrigado a ficar de bom humor. Certamente, *parecerei* alegre (o que já é muito tendo em vista o próximo), mas não *ficarei* alegre.

Pode-se observar que os grandes humoristas, aqueles que possuem um talento genial para fazer rir os outros, são frequentemente homens tristes na vida privada. Por quê? O artigo de São Tomás de Aquino fornece-nos a razão: a alegria não é uma virtude e, portanto, não pode ser adquirida diretamente.

Tem a sua origem em algo diferente dela, pressupõe uma outra coisa, tal como a flor e o fruto pressupõem a árvore, o ramo que os produz e os sustenta e nutre. O que importa acima de tudo é possuir esse algo cuja flor e fruto é a alegria. Assim que estiver presente, a alegria será possível sem esforço e mesmo sem pensarmos nela. Esse algo chama-se amor.

Quando é que alguém se alegra realmente? Quando encontra o que buscava, quando tem o que queria. E o que é que se busca e se quer senão aquilo que de algum modo se ama? Voltemos a ler, no Evangelho de São Lucas, as parábolas da ovelha perdida e da dracma perdida.

Quem há entre vós que, tendo cem ovelhas e perdendo uma delas, não deixa as noventa e nove no deserto e vai em busca da que se perdeu, até que a encontra? E depois de encontrá-la, põe-na sobre os ombros, cheio de júbilo, e, voltando para casa, reúne os amigos e vizinhos e diz-lhes: Regozijai-vos *comigo, pois achei a minha ovelha que se havia perdido* [...]. *Ou qual é a mulher que, tendo dez dracmas e perdendo uma delas, não acende a lâmpada, varre a casa e a busca diligentemente, até encontrá-la? E tendo-a encontrado, reúne as amigas e vizinhas e diz-lhes:* Regozijai-vos *comigo, porque achei a dracma que tinha perdido* (Lc 15, 4-10).

Toda a alegria pressupõe, portanto, um certo amor; e também procede de um certo amor. Encontramos tantas formas de alegria quantas as formas de amor, desde a do bom homem que fuma pacificamente o seu cachimbo até a do anjo mais excelso que contempla Deus face a face. *Diz-me onde está a tua alegria e eu te direi onde está o teu amor.*

Primeira condição da alegria: é preciso amar alguma coisa. *Sem amor, não há alegria.*

Talvez eu deva pedir desculpas ao leitor, pois é possível que comece a pensar que estou a dar-me a um grande trabalho para explicar-lhe apenas verdades óbvias. Espero que me perdoe, mas tenho de confessar que sinto uma forte queda por esse gênero de verdades. Aliás, seria bom desconfiar um pouco mais delas. Parecem simples, mas trata-se de mera aparência. São como a água tranquila:

mergulham muito fundo e descem até às fontes da vida.

Homens profundos são aqueles que procuram chegar à raiz das verdades óbvias, isto é, daquelas de que todos vivem da manhã até à noite quase inconscientemente e sem jamais se perguntarem de onde vêm nem para onde vão.

Esses homens podem passar a vida inteira aprofundando nesta verdade tão simples: «Sem amor, não há alegria». E não chegarão ao fundo dela, pois é uma verdade que não se encontra só em todos as camadas da vida criada – o que já é digno de atenção –, mas também no campo da vida não criada – na vida de Deus.

Na verdade, é de Deus antes de tudo que se pode afirmar que não há alegria sem amor. Se há alegria em Deus, é porque Deus é amor, perfeita comunidade de três Pessoas que se amam infinitamente, e cada uma delas é pura relação viva, o que significa que cada uma só é ela mesma através dessa relação, que cada uma é para as outras. Esta verdade tão simples encerra em si todo o mistério da vida do Pai, do Filho e do Espírito Santo.

Não há alegria sem amor.

No entanto, isso não basta. Para nós, homens, o amor é apenas a primeira condição da alegria, e a ela se soma uma outra: a *posse*. Voltando ao exemplo do nosso bom homem, não lhe bastaria para ficar contente que gostasse de fumar cachimbo, mas também seria necessário que tivesse um cachimbo e tabaco para colocar nele. A alegria nasce quando se pode desfrutar da coisa amada, e só se pode desfrutar dela quando é possuída. A alegria é o amor desfrutado, *amor fruens*.

A tristeza também tem a sua origem no amor. Se alguém está triste, é porque ama. No fundo de todas as emoções e paixões da alma, sempre encontramos o amor. A tristeza é assim uma paixão da alma que ama, mas que não encontra ou perdeu o objeto do seu amor. A tristeza provém da ausência ou da perda; a alegria procede da presença e da posse. *Gaudium est quies in bono præsenti*[2].

---

(2) *S. th.* 1-2, q. 24, a. 4.

A alegria é o sossego e o desenvolvimento do ser na posse segura da coisa amada; portanto, estas duas coisas são necessárias para se ter alegria: é preciso *amar* e é preciso *possuir* de alguma maneira o que se ama, ou ao menos ter a certeza de que, mais cedo ou mais tarde, se virá a possuí-lo, o que, a bem dizer, equivale a uma posse antecipada. Esta é, por exemplo, a alegria das crianças que esperam a chegada da noite de Natal ou a do espectador que, comodamente sentado na sua poltrona, espera que se corram as cortinas do teatro. Um bom conselho: quem quiser ver-se livre da tristeza poupe-se de amar aquilo que nunca poderá possuir ou que não tardará a perder.

Cada vez que se ama e que de algum modo se possui o que se ama, tem-se alegria. Quanto maior for o amor, tanto maior será a capacidade de alegria; quanto mais íntima for a posse, tanto mais embriagante será a alegria.

A alegria e o cristão

O que até agora dissemos sobre a alegria em termos gerais tem a sua aplicação no maior e primeiro dos Mandamentos: *Amarás o Senhor, teu Deus, com todo o teu coração, com toda a tua alma e com todas as tuas forças* (Mc 12, 30). A exigência de que amemos a Deus com todo o nosso coração, com toda a nossa alma e com todas as nossas forças significa, simplesmente, que Ele quer proporcionar-nos a alegria, pois o que distingue o amor a Deus de qualquer outro amor é que concede a posse dAquele a quem amamos, com o que se preenchem todas as condições necessárias para a alegria.

Isto é muito mais que teologia: é revelação expressa. Jesus Cristo disse: *Se alguém me ama, guardará a minha palavra e meu Pai o amará, e viremos a ele e nele faremos a nossa morada* (Jo 14, 23). Pela única razão de ser amado, Deus está dentro daquele que o ama, e, portanto, o primeiro e o maior dos Mandamentos é uma chamada à alegria. Observemos de passagem que, sem a alegria suscitada pelo seu cumprimento, todos os demais Mandamentos são, ao fim e ao cabo, impossíveis de cumprir.

São Tomás expôs com clareza a relação de necessidade que existe entre o amor a Deus e a alegria: «O amor a Deus é seguido necessariamente de alegria»[1]. Com efeito, quem ama alegra-se com a presença do amigo. E, no nosso caso, esse amigo é Aquele que ama o amor, isto é, Deus, que está sempre presente. Assim o diz expressamente a Sagrada Escritura: *Quem permanece no amor permanece em Deus e Deus nele* (1 Jo 4, 16).

Ao refletir sobre este texto, pude compreender o estrito sentido teológico de certas

---

(1) *S. th.* 1-2, q. 70, a. 3.

expressões dos santos que, num primeiro momento, me pareceram palavras simplesmente felizes. Santa Catarina de Sena escreve a um jovem: «Não é a tristeza o pior dos nossos pecados?» E é verdade, porque, em última análise, a tristeza supõe ausência do amor a Deus[2]. Isto faz pensar nas conhecidas palavras que se atribuem ora a Santa Teresa, ora a São Francisco de Sales: «Um santo triste é um triste santo». Não há dúvida de que, onde houver amor a Deus, haverá posse de Deus, e, portanto, também deverá haver alegria. Um santo triste seria um santo sem amor a Deus, e isto soa a contradição. Caro leitor, você nunca será canonizado se não for um homem ou mulher alegre.

No campo das realidades humanas, há casos em que seria perfeitamente inútil ou até cruel exortar alguém à alegria. A alegria é fruto do amor, e não é a todos que se concede

---

(2) «Não se alegrar é o grande pecado segundo o Novo Testamento» (Geyer-Rittelmeyer, *Gott und die Seele*, Munique, 1922, p. 495).

um amor humano capaz de manter uma alegria permanente.

E não é somente isso: pela sua própria natureza, o amor humano é mais frequentemente fonte de tristeza que de alegria; não traz necessariamente consigo a posse daquilo que se ama, e mesmo quando se chega a essa posse, sabe-se que é por um tempo limitado.

No campo humano, «mandar» ou «impor» a alegria seria coisa artificial e afetada. Mas no caso de um homem de fé não é assim. Não tem desculpas um cristão que não ame a Deus; e um cristão a quem o amor de Deus não proporcione alegria é porque não compreendeu o que esse amor lhe dá. Para um cristão, a alegria é algo natural, porque é *propriedade essencial da virtude mais importante do cristianismo, isto é, do amor*. Entre a vida cristã e a alegria, há uma necessária relação de essência.

Assim se compreende a frase de Claudel: «*Apprends-leur qu'ils n'ont d'autre devoir au monde que la joie*», «Ensina-lhes que a sua única obrigação no mundo é a alegria»[3]. Esta frase é um modelo de verdade simples e profunda. A única obrigação do cristão no mundo é a alegria, porque a sua única obrigação no mundo é o amor. Por isso, sempre se pode exigir dele que esteja alegre. Como homem, pode ter mil razões para estar triste; a condição natural humana é uma trágica condição. Os povos sem Deus são povos radicalmente tristes. Têm certamente as suas horas de festa e alegria, e até se veem obrigados a multiplicá-las, pois quando não se tem alegria é preciso simulá-la para se poder continuar a viver. Porém, tão logo voltam à vida diária, os povos sem Deus voltam a ser povos tristes.

Ainda que o cristão, como homem, também tenha mil razões para estar triste, como cristão sempre terá pelo menos uma para estar alegre: a de que Deus está com ele. Esta forma

---

(3) Sören Kierkegaard já havia dito: «Devidamente entendido, todo o homem que esteja em verdadeira relação com Deus, e que deseje frequentar o seu trato, tem apenas uma única tarefa, que é ser alegre» (*Diários*, edit. por Th. Haecker, Innsbruck, 1923, p. 314).

de alegria não depende de favorecimentos especiais nem de circunstâncias extraordinárias, nem mesmo de estados de ânimo impossíveis de serem levados à prática. Depende apenas de um único fator, que existe por si mesmo e que tem sempre uma suprema atualidade: o da presença do Senhor.

É por isso que São Paulo podia instar com tanta urgência à alegria. Quase todas as suas Epístolas contêm chamamentos a ela em forma de exigência. E o Apóstolo não a aconselha, ordena-a: *Alegrai-vos sempre no Senhor. Repito: alegrai-vos!* (Fl 4, 4). E como homem que conhece a alegria a fundo, dá-nos a seguir a razão essencial para isso: *O Senhor está próximo* de nós. *Alegrai-vos sempre no Senhor. Repito: alegrai-vos!* [...]. *O Senhor está próximo.*

Pôde-se dizer destas palavras que refletem a disposição de ânimo fundamental da vida cristã. É uma vida que nos torna capazes em todo o instante de alegrar-nos no Senhor, bem como de adorá-lo, pedir-lhe graças e doer--nos dos nossos pecados, também em todo o instante. E o poder de adorarmos e pedirmos graças ao Senhor em todo o instante, de nos doermos dos nossos pecados e nos alegrarmos no Senhor são outros tantos privilégios da fé cristã a que, pela misericórdia divina, não podemos renunciar.

A alegria do cristão

Agora já sabemos o que é a alegria e por que é uma propriedade do amor a Deus. Dissemos que a alegria é o sossego e o desenvolvimento do ser na posse da coisa amada. Pois bem, amar a Deus e não antepor nada a esse amor significa, ao mesmo tempo, possuir Deus. Assim o diz formalmente o Evangelho: *Se alguém me ama, guardará a minha palavra, e meu Pai o amará, e viremos a ele e nele faremos a nossa morada* (Jo 14, 23). Esta é a razão da breve máxima de São João na sua primeira carta: *Quem permanece no amor permanece em Deus e Deus nele* (1 Jo 4, 16). E esta é uma das condições necessárias da alegria. Portanto – voltamos a dizer –, se queremos conhecer a alegria, não temos de buscá-la em si mesma, e sim na sua fonte. Temos de crescer no amor.

Mas não podemos esquecer o papel que a fé exerce nessa busca, pois é principalmente através dela que compreendemos até que ponto e de quantas maneiras diversas o Deus que amamos está maravilhosamente perto de nós. Isto faz com que a fé, pela sua própria natureza, seja também fonte de alegria. O objeto da fé é o Evangelho, que significa, precisamente, mensagem de alegria (boa-nova). E por que razão mensagem de alegria?

Porque cada uma das verdades que nos anuncia diz-nos, à sua maneira, como o Deus que amamos permanece conosco e por que caminhos quer levar-nos a Ele: *Disse-vos estas coisas para que a minha alegria esteja em vós e a vossa alegria seja completa* (Jo 15, 11). E «estas coisas» que o Senhor nos disse são a nova alegria, o Evangelho, as verdades da nossa fé. Cada uma delas é um porto de chegada em que a alma pode deleitar-se *em todo o instante*. Basta-nos amá-las e viver nelas para termos em cada momento, como preceitua São Paulo, motivo suficiente para nos alegrarmos no Senhor.

No entanto, embora cada verdade da fé seja fonte de alegria, há uma que o é num sentido mais elevado que as outras e que normalmente deve alegrar mais que qualquer outra a pessoa que crê, na sua qualidade de discípulo de Cristo. E é desta verdade que temos agora de ganhar consciência.

Para tanto, ajudar-nos-á a seguinte passagem de São Tomás: «A alegria tem a sua origem no amor de duas maneiras diferentes: seja porque nós mesmos possuímos o que amamos, seja porque a pessoa que amamos possui com toda a certeza o que é o seu bem».

Uma mãe alegra-se não só quando tem o seu filho consigo, mas também quando o tem longe, se ela o sabe feliz onde ele se encontra. «Este segundo motivo de alegria», prossegue São Tomás, «é aquele que caracteriza o amor do afeto ou o amor desinteressado, pelo qual nos alegramos com o bem-

-estar de uma pessoa amada, mesmo quando não gozamos da sua presença»[1].

Isto não constitui nenhuma exceção ao princípio geral que exige a posse como condição da alegria. Também neste caso a posse está presente, e embora o possuidor da alegria seja a pessoa amada, isto não representa dificuldade alguma, pois é próprio do amor considerar a pessoa amada como parte de si mesmo.

O amor é uma transformação. Transforma quem ama naquele que é amado e faz dos dois uma só coisa. «Quem ama comporta-se em relação à pessoa amada como se fosse uma só coisa com ela»[2]. Aquilo que afeta a pessoa a quem amo afeta-me exatamente da mesma maneira a mim mesmo; aquilo que ela possui, eu também o possuo de certo modo.

Basta aplicar esta psicologia geral do amor ao amor a Deus para compreender imediatamente que é próprio deste amor alegrar-

---

(1) *S. th.* 1-2, q. 28, a. 1.
(2) São Tomás de Aquino, *Summa contra gentiles*, I, 91.

-se, sobretudo alegrar-se pela alegria divina. Dito de outro modo: alegrar-se de que Deus seja Deus. Trata-se, aliás, de um dado comprovado pela experiência.

Se o primeiro Mandamento não fica como letra morta, se nos esforçamos por amar a Deus com todo o nosso coração, chega um momento em que sentimos uma profunda alegria ao pensarmos na existência e na felicidade de Deus; ao pensarmos no nascimento do Verbo, do Filho Unigênito de Deus, desde antes de todos os séculos, e no eterno sopro do Espírito Santo, do amor personificado entre o Pai e o Filho; ao pensarmos que Deus é eternamente Pai, Filho e Espírito Santo, comunidade de três Pessoas cuja existência significa um conhecimento e um amor infinitos; ao pensarmos que Deus é todo Vida, Verdade e Amor, que é a própria Vida, o próprio Ser, o Absoluto e o Universo. «Nós Vos damos graças por vossa imensa glória», canta a Igreja no *Glória* da Missa; o que equivale a dizer: «Alegramo-nos pela vossa imensa glória». E esta é uma alegria que nunca falta aos que amam a Deus.

Porém, estes motivos de alegria são ainda demasiado gerais. Nós buscamos a alegria cuja causa procede diretamente da pessoa de Cristo, a alegria do cristão como tal, como discípulo de Senhor, a alegria que o próprio Senhor nos inculcou. E é imprescindível que sejamos conscientes dela[3].

Tudo o que o Senhor nos disse foi para que a sua alegria estivesse em nós e para que a nossa alegria fosse perfeita. No entanto, dentre as coisas que nos disse, há uma que se distingue das outras e que merece toda a nossa atenção.

O motivo principal que o Senhor invoca nas suas exortações à alegria é sempre o benefício que experimentará aquele que receber a sua palavra e a cumprir (Jo 14, 28)[4]. Houve uma única ocasião em que não o fez, e foi em circunstâncias muito notáveis.

---

(3) Neste ponto, vali-me especialmente da obra de A. Vonier, *Christianus*, VII, Paris, 1946.

(4) *Alegrai-vos e exultai, porque será grande a vossa recompensa* (Mt 5, 12). *Pedi e recebereis, para que a vossa alegria seja perfeita* (Jo 16, 24).

Ao fim da Última Ceia, estando a ponto de separar-se dos seus para se entregar ao sacrifício do Calvário – isto é, num momento em que aqueles que tinham deixado tudo por Ele se sentiam perdidos e precisavam mais do que nunca de consolo –, o Senhor pede-lhes inesperadamente que se alegrem, mas desta vez sem pensarem em recompensas, e sim na alegria do Senhor. E ao fazê-lo, enfatiza que isso é uma prova de amor: *Se me amardes, certamente haveis de alegrar-vos, pois vou para junto do Pai* (Jo 14, 28).

Nenhuma outra perspectiva podia ser mais agradável ao Senhor. Significava o retorno ao centro da sublimidade, a consolidação irrevogável no exercício do seu poder ilimitado sobre todas as criaturas, ao qual tinha direito em virtude da sua qualidade de Filho único do Pai e de Salvador do mundo. E ao pedir aos seus Apóstolos que se alegrassem com Ele por isso, esperava deles aquilo que todos nós esperamos de um amigo: que faça sua a nossa alegria. Esta é a lei da amizade, e São Tomás assim no-lo recorda: «É próprio da amizade alegrar-se com a felicidade do amigo, mesmo quando este não se encontra presente».

A alegria particular do cristão, a sua alegria como discípulo do Senhor, é, portanto, a seguinte: saber com absoluta certeza que o Senhor ocupa um lugar na Glória, que o Evangelho descreve com estas palavras: *Está sentado à direita de Deus* (Mc 16, 19). Isto significa que Ele se encontra infinitamente acima das contrariedades e das tristezas do mundo, cuja história governa com poder absoluto. Saber isto deve alegrar-nos mais do que qualquer outra coisa, mais até que os dons de Deus que nos tornam mais santos[5].

Esta alegria vincadamente cristã é um grande ato, pois não somente não é natural no homem, como também não basta a fé para tê-la. É «o ato mais sublime do desprendimento, o mais oposto ao egoísmo»[6]. Só se percebe naqueles para quem Deus é vida (cf. Fl 1, 21), e pressupõe um espírito que jamais se

---

(5) Cf. A. Vonier, *op. cit.*
(6) *Ibid.*

canse de contemplar o rosto do Senhor, o que, por sua vez, pressupõe um grande amor, pois sem ele é absolutamente impossível conseguir semelhante fidelidade de pensamento numa natureza tão irrequieta e, de per si, tão preocupada como a nossa. Tanto mais que tudo na nossa vida e nas nossas obrigações parece reclamar que nos concentremos quase exclusivamente em nós mesmos.

O exercício da virtude é um trabalho árduo e exigente. As nossas lutas e as nossas escaramuças interiores absorvem-nos por inteiro, e os poderes do Maligno cercam-nos às vezes tão estreitamente que conseguem aterrorizar-nos. Os males que ameaçam o mundo na atualidade são de tal magnitude que, diante deles, a face do Senhor nos parece longínqua, inconstante e quase irreal. E quando, além disso, acontece que sofremos alguma contrariedade ou injustiça, a dor do momento pode ser tão aguda que percamos a vontade de alegrar-nos com qualquer coisa, mesmo com a glória do Filho que foi ter com o Pai. E o nível da nossa vida espiritual desce degrau a degrau. Sem sequer notá-lo, chegamos a pensar somente em nós mesmos, nas nossas pequenas preocupações, nas nossas derrotas, e afastamo-nos cada vez mais da palavra do Senhor, que permanece sempre certa: *Se me amardes, certamente haveis de alegrar-vos*.

Em que consistiu o segredo de São Paulo? Sem dúvida, na sua capacidade de participar da alegria do Filho de Deus glorificado. De outro modo, não se explica que tivesse podido manter-se tão equânime e tão sereno ao longo de uma vida cheia de preocupações, de desgostos, de penúrias, e, frequentemente, de fracassos. *Eu lhe mostrarei tudo o que terá de sofrer pelo meu nome* (At 9, 16), tinha dito dele o Senhor. E não foi uma predição à toa. Para nos convencermos disso, basta-nos lermos o capítulo onze da segunda Epístola aos Coríntios, em que o Apóstolo relata toda a gama das tribulações que teve de enfrentar no serviço do Senhor.

São Paulo pertencia a essa espécie de homens que em toda a parte suscitam dificuldades. O meio ambiente organizava-se, por assim dizer, sistematicamente contra ele, e foi um homem atormentado, perseguido e humilhado. Não obstante, a alegria nunca o abandonou, e mais que isso, pois escreveu aos Coríntios: *Transbordo de gozo em todas as nossas tribulações* (2 Cor 7, 4). Como foi possível? Muito simplesmente porque o seu coração saboreava a alegria perfeita do Senhor, a quem o Pai elevou acima de todas as coisas e deu um nome que está acima de todo o nome (cf. Fl 2, 9). O verdadeiro lar de São Paulo era o céu, onde *Cristo está sentado à direita de Deus* (Cl 3, 1). E por isso o seu coração era livre e alegre.

Pensemos também em Santo Estevão, esse magnífico cristão que estava repleto do Espírito Santo. No momento em que os seus acusadores, frementes de raiva, decidiram a sua morte, ele olhou para o céu. E o que viu? Sempre o mesmo: o Filho na glória de Deus, do Pai. *Vejo os céus abertos e o Filho do homem, de pé, à direita de Deus* (At 7, 56). Santo Estevão é por esta razão o arquétipo do mártir cristão. Os poderes do Maligno podiam desencadear-se contra ele, podiam abater-se sobre ele calamidades e tribulações, mas nada disso poderia dominá-lo. Para ele, os céus já estavam abertos e neles via Cristo na sua glória definitiva. Essa visão resplandece no meio das suas tribulações, não apenas com a promessa de uma futura mudança da situação, mas com a certeza de uma vitória já alcançada.

Quem crê no mistério de Cristo *sentado à direita de Deus* é capaz de resistir a todos os poderes e a todo o esplendor e pompa que queiram ocupar o lugar de Deus. Desta fé diz São João que tem o poder de vencer o mundo (cf. 1 Jo 5, 5). E este poder torna efetiva a fé, pela alegria que dá aos que nela vivem.

Se amamos, esta fé é a nossa alegria indestrutível.

A alegria da esperança

I

Vimos que a fé e o amor são naturalmente fontes de alegria para o cristão. Agora resta expor como a esperança também está repleta de alegria. Novamente, será São Tomás quem nos indique o caminho:

«A alegria espiritual que Deus nos dá é dupla: a primeira procede da contemplação do bem que Deus é em si mesmo» (isto é, da contemplação da verdade de que Deus é precisamente Deus, a plenitude do ser, da vida e da felicidade; e também da consideração de que Cristo se encontra para sempre na glória de Deus, do Pai, e de que lhe foram dados todos os poderes, como já vimos no capítulo precedente). «A segunda alegria espiritual que Deus nos dá nasce da participação que nos está reservada nesse bem divino. A primeira é melhor, pois é fruto da caridade. E a segunda procede da esperança, que nos permite viver na *espera* de gozarmos um dia desse bem divino»[1].

Sublinhei propositadamente a palavra «espera» na última frase. Na verdade, quis fazê-lo para que pensássemos por que São Tomás diz que a esperança nos permite viver «na espera», e não diz «na esperança». Trata-se de uma questão de estilo? Não, porque o diz pela mesma razão pela qual o Símbolo de Niceia diz no seu último artigo: «E espero a vida do mundo que há de vir – *Et exspecto... vitam venturi sæculi*», e não: «tenho esperança em...»

Existe realmente uma diferença notável entre esperar uma coisa e apenas ter esperanças nela. Vejamo-lo. Você passeia pela platafor-

---

(1) *S. th.* 2-2, q. 28, a. 1 ad 3 m.

ma de uma estação e vê um amigo sentado num banco. Ao perguntar-lhe o que faz ali, responde-lhe que espera o trem, e não que tem a esperança de tomá-lo, pois a chegada do trem numa hora determinada é algo fora de dúvida para o seu amigo. Ele tem a certeza de que o trem chegará e de que o tomará. Eventualmente, pode acrescentar que tem a esperança de desfrutar de bom tempo durante a viagem, pois o bom tempo, apesar de todos os serviços meteorológicos, é algo de que não se pode estar seguro. Quem espera está seguro; quem tem esperanças não o está totalmente. Esta é a razão pela qual o Credo e São Tomás falam de espera e não de esperanças ao referirem-se à esperança cristã, pois esta é muito mais uma espera do que uma esperança.

Pois bem, quem vive na espera de um dia alcançar a posse do bem amado, alegra-se por isso antecipadamente, como se já o possuísse: «*Lætatus sum in his quæ dicta sunt mihi: in domum Domini ibimus* – Que alegria quando me disseram: *Vamos para a casa do Senhor*» (Sl 121, 1). E é assim porque a posse (nunca me cansarei de repeti-lo) é essencialmente necessária à alegria, quer seja a posse atual, quer a certeza de uma posse futura.

Esta certeza é precisamente o que cumula a espera de alegria, e é ela que faz São Paulo dizer: *Sede alegres na esperança* (Rm 12, 12). Para o Apóstolo, a esperança cristã vive da certeza de que, pela graça de Cristo, um dia possuiremos Deus em plena luz, enquanto agora só o possuímos, através do amor, na obscuridade da fé. Para São Paulo, a esperança é certa. *A esperança é* firme *e sólida qual âncora da nossa alma, que penetra até além do véu* (Hb 6, 19). *A esperança não engana* (Rm 5, 5). Talvez seja a única coisa que não confunde nem defrauda, e esta é a razão pela qual nos proporciona alegria.

II

Mas em que se baseia a certeza da esperança? No princípio – claro em boa teologia – de que Deus é a causa primeira de todo o bem, incluído o melhor de todos os bens, isto é, a salvação do homem. Deus não é um simples observador que se limite a tomar nota da nossa maneira de viver. É o *autor da salvação* e diz-nos: *Não há outro deus que salve a não ser eu* (Is 43, 8-11). «A tua conversão é coisa *minha*; não temas»[2].

A nossa conversão e a nossa salvação são, antes de tudo, obra de Deus. Mesmo o menor dos atos que praticamos em vista da nossa salvação é fruto de uma árvore cujas raízes encontram o seu alimento no coração de Deus. *Sem mim, não podeis fazer nada* (Jo 15, 5), diz-nos o Senhor; e o Concílio de Orange declara: «Deus faz no homem muitas coisas boas que o homem não faz; mas o homem nada faz de bom que Deus não lhe tenha concedido que o faça»[3].

A graça de Deus antecipa-se à nossa vontade para nos fazer querer alguma coisa, e também vem em nosso auxílio para que não o queiramos em vão. Temos, sem dúvida, o po-

---

(2) Blaise Pascal, *Mystére de Jésus*: «*C'est mon affaire que ta conversión; ne crains point*».

(3) Cânon 20.

der de privar-nos da graça, mas esta, por sua vez, tem o poder de impedir que fujamos dela ou o poder de voltarmos a encontrá-la quando Deus permite que nos privemos dela por um certo tempo. *O Senhor faz tudo o que lhe apraz* (Sl 135, 6). *O coração do rei é uma água que jorra das mãos do Senhor* (Pr 21, 1).

A nossa esperança apoia-se, portanto, na ajuda de alguém cuja ação não pode fracassar. É uma virtude divina, porque espera o próprio Deus e só o espera através dEle mesmo. *Fiel é aquele que vos chama, e o cumprirá*, diz São Paulo (1 Ts 5, 24). É bom lembrarmo-nos desta passagem antes de nos deitarmos.

III

Nada esclarece melhor este tema da esperança que a leitura de São Paulo. Quando enumera aos fiéis de Roma as razões que fundamentam e garantem a sua esperança, notamos que só põe de manifesto ações divinas. É como se só Deus atuasse e o homem fosse empurrado e só chegasse à sua última meta em virtude de um pré-conhecimento divino, de uma predestinação, de uma chamada e de uma justificação por meio de Deus. *Sabemos que todas as coisas concorrem para o bem daqueles que amam a Deus*, mesmo os seus pecados, como acrescenta Santo Agostinho categórica e resolutamente. E quem são os que amam a Deus?

Não nos enganemos: são aqueles a quem Deus ama, aqueles «que são chamados segundo os seus desígnios» a participar da sua vida intrínseca, vida que chamamos sobrenatural; *os que Ele distinguiu de antemão* e amou antes de qualquer merecimento, e *os predestinou para serem conformes com a imagem do seu Filho*, isto é, para serem glorificados com Ele e como Ele. *E aos que predestinou* fora do tempo, *também os chamou* no tempo; *e aos que chamou, também os justificou; e aos que justificou, também os glorificou* na eternidade (Rm 8, 28-30).

Assim estão dispostas as coisas. Evidentemente, São Paulo não anula a parte de cooperação que se exige de cada um de nós para correspondermos aos livres desígnios de Deus. Essa parte de cooperação encontra-se incluída na justificação, pois esta não tem em São Paulo o sentido que tem em Lutero e não consiste em sermos tidos por justos, mas em sê-lo realmente.

Porém, em nenhum lugar e em nenhum momento São Paulo pressupõe que essa cooperação indispensável para a justificação e para a glorificação dependa em última instância de um ato em que a nossa vontade tenha a iniciativa. Tratando-se do bem, a iniciativa cabe sempre a Deus, e não há no mundo qualquer centelha de bem que não tenha Deus como fonte primeira[4]. Isto é ainda mais válido quando se trata desse bem especial que é a nossa livre cooperação: *Porque é Deus quem, segundo o seu beneplácito, realiza em vós o querer e o agir* (Fl 2, 13). *Tudo depende da misericórdia divina* (Rm 9, 16).

Não é este o lugar para nos perguntarmos de que modo se harmonizam a causalidade

---

(4) *S. th.*, 1, q. 20, a. 3.

divina e a liberdade do homem[5]. Estamos diante de um dos problemas mais difíceis da teologia; aliás, é mais que um problema – é um mistério impossível de solucionar. Nunca a razão humana poderá compreender, aqui em baixo, como é que Deus pode intervir no âmago da nossa liberdade sem forçá-la. No entanto, ainda que lhe escape sempre o «como», o «fato» não lhe apresenta dificuldade alguma, contanto que ela saiba o que significam transcendência e analogia.

O que Deus faz não pertence à mesma ordem do que nós fazemos fisicamente, como se em Deus houvesse apenas o nosso poder aumentado infinitamente. O impulso de Deus é o impulso de um Agente transcendente; é o da causa criadora que não pressupõe absolutamente nada por parte da criatura. A influência de uma ação física – mesmo que imaginemos que pertença a um poder infinito – limitaria necessariamente a nossa liberdade; mas a in-

---

(5) Veja-se Garrigou-Lagrange, *Dieu*, Paris, 1950, pp. 672ss.

fluência do Criador, longe de limitar a nossa liberdade, o que faz é conduzi-la ao seu pleno desenvolvimento.

Quando Deus nos impulsiona, faz-nos agir de acordo com o caráter da natureza que nos deu, isto é, livremente. Como poderia Ele impedir ou dificultar uma liberdade que é totalmente obra sua? Esta liberdade só é o que é em virtude da causalidade divina; e é evidente que o seu exercício será tão mais livre quanto mais estiver sob a influência dessa causalidade que lhe deu origem[6].

Seja como for o «como» deste mistério, não há a menor dúvida de que só somos de-

---

(6) *S. th.* 1, q. 83 a. 1 *ad* 3 m: «O livre-arbítrio é causa do seu próprio movimento, porque, pelo livre-arbítrio, o homem se determina a si mesmo a agir. No entanto, a liberdade não precisa de que aquilo que é livre seja causa primeira de si mesmo; como também não se requer, para que uma coisa seja causa de outra, que seja causa primeira da mesma. Deus é, portanto, a causa primeira que move tanto as causas naturais como as voluntárias. E, do mesmo modo que, ao mover as causas naturais, não impede que os atos destas sejam naturais, não impede que as ações provenientes das causas voluntárias sejam voluntárias; opera em cada ser conforme a particularidade do mesmo».

finitivamente salvos em virtude de uma predestinação divina tão infalível nos seus efeitos como desmerecida na sua origem: *Porque é gratuitamente que fostes salvos mediante a fé, e isto não provém dos vossos méritos, mas é puro dom de Deus* (Ef 2, 8). E precisamente por isso, nunca nos é lícito desesperar. *Quando me sinto fraco, então é que sou forte* (2 Cor 12, 10). Esse é o momento em que já não deposito a minha confiança em mim, mas em Deus, o autor da salvação.

É ao motivo fundamental da sua esperança que o cristão deve que as provas – sejam de que tipo forem –, longe de vencê-lo, o fortaleçam. *Gloriamo-nos até das tribulações*, diz São Paulo, *pois sabemos que a tribulação produz a paciência; a paciência, uma virtude provada; e a virtude provada, a esperança. E a esperança não engana, porque o amor de Deus foi derramado em nossos corações pelo Espírito Santo que nos foi dado* (Rm 5, 3-5).

A prova de que a esperança não engana é – acaba de dizer-nos São Paulo – que «o amor de Deus foi derramado em nossos corações pelo Espírito Santo que nos foi dado». E isto significa que, para termos direito a uma esperança segura, que não nos decepcione, temos de trazer o amor de Deus em nós. Pois bem, é o próprio Deus quem se encarrega de cumprir esta condição indispensável, dando-nos o seu Espírito Santo a fim de que seja em nós a fonte viva e pessoal do nosso amor por Ele.

Assim, pois, o homem que deposita a sua esperança em Deus, aquele que, à vista da sua miséria, espera a sua salvação somente da misericórdia de um Deus salvador, não se verá defraudado. Deus dar-lhe-á o seu Espírito para que este infunda o amor no homem.

Se São Paulo pôde lançar aos poderes do Maligno o desafio mais absoluto que já se conheceu na história, foi porque sabia que o nosso amor a Deus tem a sua fonte no próprio Deus, que é Deus quem nos concede a faculdade de amá-lo. Por conseguinte,

Quem nos separará do amor de Cristo? A tribulação? A angústia? A perseguição?

A fome? A nudez? O perigo? A espada? [...]. Mas em todas essas coisas somos mais que vencedores pela virtude daquele que nos amou. Pois estou persuadido de que nem a morte, nem a vida, nem os anjos, nem os principados, nem o presente, nem o futuro, nem as potestades, nem as alturas, nem os abismos, nem qualquer outra criatura nos poderá arrancar o amor que Deus nos testemunha em Cristo Jesus, nosso Senhor (Rm 8, 35-39).

Por acaso não nos disse o Senhor (Jo 10, 27-29): *As minhas ovelhas ouvem a minha voz, e eu as conheço, e elas me seguem. Eu lhes dou a vida eterna, e elas jamais hão de perecer, e ninguém as arrebatará da minha mão. Meu Pai, que mas deu, é maior do que todos; e ninguém as pode arrebatar da mão de meu Pai?*

De onde provém, então, a dificuldade de fazermos nossas as ousadas palavras de São Paulo? São palavras que exprimem uma verdade válida para todos aqueles que têm esperança. É na própria dinâmica desta virtude que se encontra a força que nos faz sentir e falar como Paulo. Se não o conseguimos, se nos falta coragem para lançar o mesmo desafio que ele lançou aos poderes do Maligno, é porque não aceitamos que somos crianças débeis, tão frágeis que não podemos dar um passo sem nos agarrarmos à mão de Deus, sem cujo apoio nem sequer podemos ter-nos em pé.

Sempre procuramos em nós mesmos alguma coisa a que agarrar-nos, esperando de uma resolução nascida da nossa vontade o triunfo nas nossas lutas interiores. Uma prova disso é que raras vezes rezamos em tais momentos. Teoricamente, talvez não neguemos que precisamos da ajuda de Deus, mas, na prática, pensamos que é o nosso assentimento que dá eficácia à ajuda divina. Custa-nos convencer-nos de que esta ajuda tem em si mesma o poder de provocar o nosso assentimento, e assim sentimo-nos inclinados a procurar a nossa confiança e a nossa segurança mais na bondade que podemos descobrir em nós do que na graça do Senhor que nos é oferecida constantemente.

Ora, como verificamos que as nossas boas disposições carecem de firmeza, ao apostarmos em nós mesmos corremos um risco maior do que São Paulo, que contava apenas com Deus.

E também por isso, «quando exigimos demasiado pouco de nós mesmos – escreve Garrigou-Lagrange –, isso se deve a que não contamos suficientemente com a graça que Deus prometeu e quer dar-nos; se o nível da nossa vida espiritual decai e nos contentamos com uma vida puramente humana, é porque acreditamos estar sós ao agir. Esquecemos que Deus está em nós e conosco»[7].

Por esta mesma razão, deixamos de rezar assíduamente e em todo o momento (cf. Lc 18, 1). Dificilmente penetra no nosso espírito a ideia de que a graça ativa nos é tão necessária para realizarmos qualquer boa obra como necessários são os efeitos da lei geral da

---

(7) *Dieu, op. cit.*, p. 706.

gravidade para darmos um passo. Pois bem, a oração é o grande meio disposto por Deus para que possamos conseguir a graça ativa.

Se estivermos realmente convencidos de que Deus, em resposta à nossa oração, tem o poder de suscitar em nós a boa vontade e a ação, e de que o bom uso da nossa liberdade sempre provém dEle, então diremos com um espírito muito diferente o que o Senhor nos ensinou: «Não nos deixeis cair em tentação, mas livrai-nos do mal». Ou, como diz a Igreja: «Não permitas que jamais me separe de Ti». Não permitas que a minha vontade se desvie.

Se soubermos rezar assim, do fundo do nosso coração, Deus dar-nos-á no momento apropriado a sua graça, que é ativa por si mesma, e teremos a força de permanecer-lhe fiéis. A nossa esperança fortalecer-se-á e a nossa alegria crescerá.

IV

Neste terreno da esperança, temos de saber que existem duas categorias de homens em quem a esperança produz pouca ou nenhuma alegria.

Em primeiro lugar, encontramos «as pessoas honoráveis» de que fala Péguy. São as que estão satisfeitas com a sua própria justiça e pensam que não necessitam da esperança: «As pessoas honoráveis não têm defeitos. Não estão feridas. A sua pele moral, sempre intacta, dota-as de um couro e de uma couraça sem falhas. Em lugar nenhum apresentam essa abertura causada por uma ferida atroz..., uma cicatriz sempre mal fechada. Em lugar nenhum apresentam essa entrada para a graça que é, essencialmente, o pecado. Como não precisam de nada, não é possível dar-lhes nada. A própria caridade de Deus não venda quem não tem feridas. Foi porque um homem estava caído no meio da estrada que o samaritano o levantou... As pessoas honoráveis não são permeáveis à graça»[8].

A outra categoria é a daqueles que pretendem uma justiça impossível: são os introver-

---

(8) Péguy, *Note conjointe*, p. 101.

tidos e os escrupulosos. Vasculham temerosos a sua consciência, na esperança de um dia encontrar nela a prova indiscutível de que são dignos do amor de Deus. Para eles, o único estado de consciência que assegura a tranquilidade é aquele em que possam ter a absoluta certeza de que já não precisam temer qualquer surpresa da justiça divina. E isso não é possível aqui em baixo: *Se dizemos que não temos pecado, enganamo-nos a nós mesmos e a verdade não está em nós* (1 Jo 1, 8). Esta é a razão pela qual esses homens não conhecem a paz nem a alegria.

Para alcançarmos a salvação eterna, a esperança cristã obriga-nos a prescindir não apenas de todo o apoio nas criaturas, como também de todo o sentimento de que entre Deus e nós tudo está indubitavelmente em ordem. A razão fundamental da esperança reside sempre na imutável misericórdia compassiva de Deus para com a miséria que se confessa como tal: *Se reconhecemos os nossos pecados, Deus é fiel e justo para nos perdoar os pecados e purificar-nos de toda a iniquidade* (1 Jo 1, 9).

O monge que assistia o abade Dom Columba Marmion na sua última hora, pensou dever confortá-lo recordando-lhe todo o bem que fizera às almas através dos seus livros, mas o abade fez um gesto negativo e limitou-se a murmurar: «Deus meus, misericordia mea». Com isso, quis mostrar que, se tinha motivos de esperança, não os devia aos seus livros, mas única e exclusivamente à misericórdia de Deus. E quão maravilhosamente respondeu Joana d'Arc aos seus juízes quando, astutamente, lhe perguntaram se se encontrava em estado de graça: «Se estou, queira Deus conservar-me nele; se não estou, queira Deus dar-mo». *De nada me acusa a consciência* – dizia São Paulo –, *mas nem por isso me tenho por justificado* (1 Cor 4, 4).

A justificação através da graça escapa a todo o conhecimento e a toda a observação segura. É uma ação divina, e os homens não são capazes de observar as ações de Deus. O cristão pode supô-la graças a certos sinais de que ama a Deus, mas não sabe se o ama na medida necessária para ser salvo. E não tem necessidade de sabê-lo. Esta ignorância é parte essencial de uma boa saúde moral. Faz-nos ser simultaneamente humildes e audazes, e obriga-nos a viver na fé do Filho de Deus, que nos amou e se entregou por nós (cf. Gl 2, 20).

É por esta fé em Cristo que esperamos ser justificados (cf. Gl 2, 16), e temos a certeza de que por meio de Cristo nos reconciliou com Deus. Mais ainda: sabemos que Cristo Jesus se converteu pessoalmente na nossa sabedoria, na nossa justiça, na nossa santificação e na nossa redenção (cf. 1 Cor 1, 30). Esta fé firme de que tudo no Filho de Deus feito homem é redenção alicerça a certeza da nossa esperança. E dá-nos mais que o necessário para nos fazer chegar muito longe em sentimentos de agradecimento e alegria.

Te Deum

O tesouro de orações da Igreja possui um hino do século V no qual a linguagem da fé e da esperança atinge o seu ponto culminante. É o *Te Deum*. Toda a vez que o cantamos ou recitamos, temos a certeza de fazê-lo dentro do mais puro espírito cristão.

Logo no princípio, começamos pelo que é importante acima de tudo, isto é, por contemplar e louvar com fé e admiração a Deus – Pai, Filho e Espírito Santo –, cuja santidade é proclamada pelos anjos e cuja glória é cantada pelos eleitos de todos os tempos.

Depois, centramos o olhar da nossa fé no Filho Unigênito do Pai e o admiramos no esplendor do seu triunfo:

Tu Rex gloriæ, Christe!

Ele fez tudo por nós. Para nos redimir e conduzir ao reino dos céus, não só se fez homem, como também se rebaixou até a mais profunda humilhação. Assim o confessamos publicamente e pedimos-lhe que, agora que está sentado à direita de Deus, continue em tudo a sua ação.

Æterna fac cum sanctis
tuis in gloria numerari.

[«Faz que sejamos contados com os teus santos na glória eterna»].

Salvum fac populum tuum,
Domine, et benedic hereditati tuæ,
et rege eos et extolle illos
usque in æternum.

[«Nós somos o teu povo e a tua herança,
Senhor, abençoa-nos e salva-nos,
governa-nos e glorifica-nos
até a tua eternidade»].

Conhecemos bem o poder de sedução das criaturas e os perigos que ameaçam constantemente a nossa fidelidade a Deus nesta terra, mas tais pensamentos não nos causam temor nem preocupação, pois dispomos de um recurso tão infalível quanto simples: o de nos refugiarmos no louvor e na oração humilde.

Em primeiro lugar, o louvor:

Per singulos dies benedicimus te.
Et laudamus nome tuum, in saeculum,
Et in saeculum saeculi.

[«Bendizemos-te dia após dia;
pois, se louvamos o teu nome no tempo,
também o louvaremos por
toda a eternidade»].

Depois, a oração humilde:

Dignare, Domine, die isto
sine peccato nos custodire.

[«Digna-te, Senhor, neste dia
guardar-nos sem pecado»].

Não é como se quiséssemos entregar-nos à negligência e ao quietismo, mas sabemos que, se quisermos fazer alguma coisa pela nossa salvação, antes de mais nada temos de confiar-nos sempre ao Autor da salvação.

In te, Domine, speravi,
non confundar in æternum.

[«Em ti, Senhor, esperei,
não ficarei confundido na eternidade»].

Quando, durante os nossos tempos de meditação, não soubermos em que devemos refletir, recorramos a estes textos e deixemo-nos informar por eles.

Apêndice
O lírio e o pássaro

Sören Kierkegaard

Contemplemos agora o lírio e o pássaro, esses mestres alegres. «Os mestres alegres», pois bem sabes que a alegria é comunicativa. Esta é a razão pela qual ninguém é melhor mestre de alegria do que aquele que é alegre.

O mestre de alegria não tem, na verdade, nada mais a fazer senão ser alegre ou ser alegria, e, por muito que se esforce por ensiná-la, se ele próprio não for alegre, o seu ensinamento será deficiente. Não há, portanto, nada que possa ser ensinado mais facilmente que a alegria, pois basta – ai! – ser realmente alegre sempre. Mas este «ai!» mostra que, infelizmente, não é tão fácil ser sempre alegre, uma vez que nada é mais certo do que aquilo que acabamos de dizer: ensina muito mais facilmente a alegria aquele que é sempre alegre.

No mundo do lírio e do pássaro, onde ambos ensinam na alegria, a alegria impera sempre. E o pássaro e o lírio nunca se encontram em apuros, como acontece às vezes com o mestre humano, que ensina o que aprendeu de algo exterior a si mesmo, e não o tem sempre consigo. Pelo contrário, onde o lírio e o pássaro ensinam na alegria, sempre há alegria, que está neles mesmos.

Que alegria quando o dia amanhece e o pássaro desperta pontualmente para a alegria do dia! Que alegria, ainda que de matiz diferente, quando a tarde declina e o pássaro se apressa a voltar gozoso ao seu ninho! Que alegria no longo dia de verão! Que alegria quando o pássaro – que não apenas canta no seu trabalho como um alegre operário, mas tem como principal trabalho cantar – começa gozoso o seu canto! E que nova alegria quando o acompanham um e mais outro, até formarem um coro inteiro! Que alegria, por fim, quando um mar de notas ressoa no bosque e no vale, no céu e na terra, e aquele que deu o tom esvoaça, fora de si de tanto gozo! Que alegria, que alegria, que alegria!

E desse modo o pássaro encontra sempre ao longo de toda a sua vida alguma coisa de que alegrar-se. Não desperdiça nem um só instante e daria por perdido aquele em que não se sentisse alegre.

Que alegria quando cai o orvalho e refresca o lírio, que se prepara para descansar! Que alegria quando o lírio, após o banho, se seca, repleto de alegria, ao primeiro raio de sol! Que alegria no primeiro dia de verão!

Oh, olha o lírio e o pássaro, e olha-os juntos! Que alegria quando o pássaro se esconde junto do lírio, onde tem o seu ninho, tão extraordinariamente acolhedor, e se entretém divertindo-se e brincando com o lírio! Que alegria quando o pássaro, do galho alto ou, ainda mais acima, das nuvens, contempla feliz o seu ninho e o lírio, que se lhe torna sorridente! Bonita e feliz existência, tão repleta de alegria! Ou por acaso a alegria é menor porque, numa visão tacanha, o que a faz tão alegre é tão pouca coisa? Não, pois essa visão tacanha é um erro, e um erro extremamente triste e lamentável.

É precisamente por ser tão pouca coisa aquilo que os faz alegres que se prova que eles próprios são alegres, que são a própria alegria. Se aquilo de que alguém se alegra for absolutamente nada e, apesar disso, esse alguém se sentir indescritivelmente alegre, isso será a melhor prova de que esse alguém é alegria, de que é a própria alegria, como acontece com o lírio e com o pássaro, os alegres mestres de alegria, que precisamente por serem *incondicionalmente alegres* são a própria alegria.

A pessoa cuja alegria depende de certas condições não é a própria alegria; a sua alegria é a alegria dessas condições e está condicionada por elas. Mas quem é a própria alegria é incondicionalmente alegre; e, vice-

-versa, quem é incondicionalmente alegre é a própria alegria.

As condições sob as quais podemos ser alegres causam-nos muitas fadigas e aflições, e mesmo que todas elas se cumprissem, talvez nem assim seríamos incondicionalmente alegres. Não é verdade, profundos mestres da alegria, que não pode ser de outra maneira? Mesmo com a ajuda de todas as condições, só será possível sermos alegres de maneira condicionada, pois as condições e o que é condicionado se correspondem. Assim, pois, só pode ser incondicionalmente alegre aquele que é a própria alegria, e só pode ser a própria alegria aquele que é incondicionalmente alegre.

No entanto, não se poderia mostrar brevemente *por que* a alegria é a substância do ensinamento do pássaro e do lírio ou *qual* é a substância desse ensinamento de alegria? Ou seja: não se poderia mostrar brevemente o pensamento em que se apoia essa doutrina? Sim, pode-se fazê-lo facilmente, porque, por mais simples que sejam, o pássaro e o lírio não são objetos inertes [...].

A sua doutrina da alegria resume-se no seguinte: Há um hoje. E neste *hoje* põe-se um vigor imenso. Há um hoje, e de maneira nenhuma há qualquer preocupação com o dia de amanhã, com a manhã seguinte. E isto não é uma leviandade do lírio e do pássaro, mas a alegria do silêncio e da obediência.

Se eu guardar silêncio no solene silêncio da Natureza, não haverá para mim nenhum amanhã; se eu obedecer com a obediência da Criação, também não haverá para mim nenhum amanhã, esse dia infeliz que é produto da loquacidade e da desobediência. E se pelo silêncio e pela obediência não há amanhã, então o hoje está no silêncio e na obediência, e com ele está a alegria, tal como está no pássaro e no lírio.

O que é a alegria ou o que significa estar alegre? Significa estar de verdade presente a si mesmo; e «estar-de-verdade-presente-a-si--mesmo» equivale ao «hoje» de que falamos, equivale a existir hoje, a existir de verdade *para o dia de hoje*. E, na medida em que for para ti uma grande verdade que existes hoje, na medida em que estiveres presente a ti mesmo por existires hoje, nessa mesma medida não existirá para ti o dia da infelicidade, o dia de amanhã. A alegria é o tempo presente, com toda a ênfase posta no termo *presente*.

É por isso que Deus é feliz, pois Ele diz eternamente «hoje» e, por existir hoje, está infinita e eternamente presente a si mesmo. E é por isso que o pássaro e o lírio são a própria alegria, porque através do silêncio e da obediência cega estão totalmente presentes a si mesmos nesse existir hoje.

«Mas – dizes tu – para o lírio e para o pássaro, isso é fácil». A resposta é que não te é permitido dizer «mas» e que tens de aprender do lírio e do pássaro que estás presente a ti mesmo e que existes hoje, de modo que tu também serás a própria alegria. E nada de «mas», pois se trata de algo sério: *tens* de aprender a alegria do pássaro e do lírio. E menos ainda te é permitido julgares-te importante a ponto de – já que o lírio e o pássaro são simples e tu talvez te sintas homem – te pores engenhoso e dizeres, quando falares de um «amanhã» determinado: «Para o lírio e para o pássaro, é fácil, pois não se veem importunados pelo dia de amanhã. O homem, pelo contrário, não apenas tem preocupações pelo dia de amanhã e pelo que terá de comer amanhã, como também se preocupa pelo dia de ontem e por ontem ter comido e não ter pago». Oxalá aprendas melhor ou, pelo menos, comeces a aprender a lição do pássaro e do lírio.

Acontece que ninguém consegue pensar seriamente que as coisas que alegram o pássaro e o lírio – e outras coisas semelhantes – são capazes de nos alegrar. Coisas tais como o fato de teres sido criado e existires, de receberes «hoje» o necessário para a existência, de teres sido criado e feito homem, de possuíres olfato, gosto e tato; de o sol brilhar para ti, por tua causa, e de, depois, quando o sol se cansa, aparecer a lua e se acenderem as estrelas; de chegar o inverno e toda a Natureza se disfarçar e brincar de esconde-esconde para distrair-te; de chegar a primavera com grandes revoadas de pássaros para alegrar-te; de brotarem folhas tenras e o bosque se embelezar como uma noiva para proporcionar-te alegria; de chegar o outono e de os pássaros partirem, não por quererem ser esquivos – oh, não! –, mas apenas para não te cansares deles; de o bosque se despojar das suas galas para poder alegrar-te da próxima vez em que as vestir. Nada disto é capaz de nos alegrar. Se não me aborreço, é por respeito ao lírio e ao pássaro, e limito-me a dizer que se nada disso é capaz de nos alegrar, é porque não há absolutamente nada que nos possa alegrar.

Pensa que o lírio e o pássaro são alegria e que, apesar disso, têm muito menos de que alegrar-se do que tu, que tens o lírio e o pássaro para te alegrares com eles. Aprende do lírio e aprende do pássaro, que são bons mestres, que existem, que existem hoje e que são alegria. Se não te alegras com o lírio e com o pássaro, que são a própria alegria, é porque acontece contigo o que o mestre diz da criança: «Falta de inteligência não é, até porque a coisa é tão simples que não pode ser, de forma alguma, falta de inteligência; tem de ser outra coisa, como, talvez, que a criança está mal--disposta. Mas não se deve encarar isso com demasiada severidade e tratá-lo como um caso de obstinação ou rebeldia».

O lírio e o pássaro são mestres de alegria, mas isso não significa que, como o resto da Natureza, não passem por aflições. Não gemem todas as criaturas sob a caducidade a que, contra a sua vontade, se veem submetidas? Tudo está submetido à caducidade. Também a estrela que brilha firmemente no céu, mesmo a mais fixa, mudará de lugar quando cair; e aquela que nunca mudou de lugar, fá-lo-á quando se precipitar no abismo; e o universo inteiro, com tudo o que há nele, está submetido à mudança e passa, do mesmo modo que pomos de parte um terno gasto. São os despojos da caducidade!

E o lírio, ainda que escape ao destino de ser imediatamente lançado ao fogo, há de murchar após ter sofrido. E o pássaro, ainda que lhe seja concedido morrer de velho, um dia terá que morrer e separar-se daqueles que ama, após ter sofrido.

Tudo é caducidade e tudo o que existe será, algum dia, o espólio da caducidade. A caducidade é o *gemido*, pois estar submetido a ela significa o que significa o gemido: estar aprisionado, amarrado, preso; e a substância do gemido é a caducidade.

No entanto, o pássaro e o lírio são, apesar de tudo, incondicionalmente alegres; e, assim, eu posso ver perfeitamente como é verdade aquilo que se depreende do Evangelho:

Olhai como crescem os lírios do campo: não trabalham nem fiam! Pois Eu vos digo: Nem Salomão, em toda a sua magnificência, se vestiu como um deles. Ora, se Deus veste assim a erva do campo, que hoje existe e amanhã será lançada ao fogo, como não fará muito mais por vós, homens de pouca fé?

Não vos preocupeis, dizendo: «Que comeremos, que beberemos, ou que vestiremos?» Os pagãos, esses sim, afadigam-se com tais coisas; porém, o vosso Pai celeste bem sabe que tendes necessidade de tudo isso. Procurai primeiro o Reino de Deus e a sua justiça, e tudo o mais vos será dado por acréscimo. Não vos preocupeis, portanto, com o dia de amanhã, pois o dia de amanhã terá as suas preocupações. Basta a cada dia o seu problema (Mt 6, 28-34).

Tenho que aprender a alegria do lírio e do pássaro. Não posso encontrar mestres melhores que aqueles que, apesar de estarem oprimidos por preocupações infinitamente profundas, são incondicionalmente alegres e são a própria alegria.

Como é que fazem o lírio e o pássaro para serem – o que parece quase um milagre – incondicionalmente alegres, mesmo no meio das maiores preocupações? Quando o dia de amanhã se afigura tão temível, como é que conseguem viver hoje incondicionalmente alegres? Pois bem, conseguem-no – e o conseguem sempre – de uma maneira muito simples: prescindindo desse «amanhã», como se absolutamente não existisse.

Há uma frase de São Pedro que o lírio e o pássaro tomaram a peito e – por serem simples – a tomaram ao pé da letra, que é precisamente o que lhe dá eficácia. Nessa frase, há um enorme poder se tomada ao pé da letra; e se não o for, será mais ou menos impotente, até chegar a ser uma expressão sem sentido. É preciso que sejamos incondicionalmente simples para tomá-la incondicionalmente ao pé da letra: «Lançai *todas* as vossas preocupações *sobre* Deus».

É isto o que fazem o lírio e o pássaro incondicionalmente. Com a ajuda do silêncio e da obediência sem condições, lançam para longe de si *todas* as preocupações, tal como o faz a catapulta mais potente, e com a mesma veemência com que se arremessa para longe o que mais se detesta. E lançam-nas *sobre* Deus com a mesma segurança com que a arma mais precisa acerta no alvo, com a mesma fé e com a mesma confiança com que o atirador mais exímio acerta no alvo. E, no mesmo instante – que existe desde o primeiro momento, que existe hoje, que existe desde o primeiro momento da sua existência – sentem-se incondicionalmente alegres.

Maravilhosa habilidade esta de ser presa de preocupações e, no mesmo instante, poder lançá-las para longe e atingir o alvo com tal segurança. É o que fazem o lírio e o pássaro; e no mesmo instante sentem-se incondicionalmente alegres. É algo perfeitamente normal, pois Deus Todo-poderoso suporta com infinita facilidade o universo inteiro com todas as suas preocupações, entre as quais estão as do lírio e do pássaro. Que alegria indescritível! É a alegria inspirada por Deus Onipotente.

Temos, pois, de aprender do lírio e do pássaro a presteza e a agilidade do incondicional. Trata-se certamente de uma maravilhosa prova de prestidigitação, mas, precisamente por isso, devemos prestar tão concentrada atenção ao lírio e ao pássaro. É uma maravilhosa amostra de prestidigitação que contém ou resolve uma contradição.

A palavra «lançar» faz pensar numa «aplicação de força», como se fosse preciso reunir todas as forças e, com um formidável impulso, lançar as preocupações violentamente para longe. No entanto, não é preciso empregar precisamente «força», mas sim – e isto é imprescindível – «flexibilidade», embora se tenha que lançar o peso para longe. E é preciso lançar a preocupação *inteira*, pois, se não se fizer assim, sempre ficará alguma coisa dela, seja muito ou pouco, e não poderá haver alegria, muito menos alegria incondicional. E se não a lançamos *sem reservas* sobre Deus, mas em qualquer outro lugar, também não é possível livrarmo-nos dela sem reservas, antes retorna de uma maneira ou de outra, frequentemente de forma mais amarga e grave.

Lançar as preocupações em outro lugar que não seja Deus é dispersão; e a dispersão é um remédio duvidoso e equívoco contra as preocupações. Pelo contrário, lançar todas elas e sem reservas sobre Deus é «concentração», pela qual – surpreendente habilidade da contradição! – delas nos libertamos sem reservas.

Aprendamos, pois, do lírio e do pássaro a lançar a nossa preocupação sobre Deus! Não lancemos, porém, a nossa alegria, mas, pelo contrário, agarremo-nos a ela com todas as nossas forças. Se assim fizermos, será fácil prever que sempre reteremos um pouco de alegria, porque, se atirarmos para longe as nossas preocupações, apenas reteremos o que há de alegria em nós. No entanto, isto não é suficiente. Por isso, continua a aprender do lírio e do pássaro, e lança toda a tua preocupação sobre Deus, inteira, sem reservas, como eles fazem, e, assim, serás, como eles, alegres sem reservas.

A alegria sem reservas consiste em adorar a onipotência com que Deus onipotente carrega todas as nossas preocupações, como se nada pesassem. E consiste também em atrever--se, com reverência, a crer que «Deus cuida de ti» (como também diz o Apóstolo). A alegria sem reservas é precisamente a alegria que Deus inspira, e nEle posso alegrar-me sempre sem reservas. E se, apesar de tudo, não me alegro sem reservas, a falha será evidentemente minha, e residirá na minha falta de habilidade em lançar todas as minhas preocupações sobre Deus, na minha falta de disposição, no meu medo, na minha obstinação e, afinal de contas, em eu não ser como o lírio e o pássaro.

Há apenas uma preocupação sobre a qual o lírio e o pássaro não podem ser mestres, e por isso não falamos dela aqui: é a preocupação com o pecado. Porém, em relação a todas as demais preocupações, é preciso afirmar que, se não sou alegre sem reservas, a culpa é minha, porque não quero aprender do lírio e do pássaro essa alegria absoluta em Deus através do silêncio e da obediência absolutos.

Mas ainda resta alguma coisa, pois talvez eu diga com o poeta: «Se alguém pudesse habitar com o pássaro na solidão do bosque, onde o pássaro e a sua companheira constituem um casal sem que exista outra sociedade; ou alguém pudesse viver como o lírio na paz do campo, onde cada lírio cuida de si mesmo e também não há sociedade, poderia lançar facilmente todas as suas preocupações sobre Deus e ser – ou chegar a ser – alegre sem reservas. A desgraça é, precisamente, a «sociedade» e que o homem seja o único ser que se atormenta a si mesmo e atormenta os outros com a desafortunada ilusão de poder encontrar a felicidade na sociedade; e a desgraça será tanto maior quanto mais a sociedade crescer para corrupção do homem e de si mesma». Mas tu não podes dizer isso.

Deves olhar a questão com mais rigor e reconhecer, envergonhado, que a indizível alegria do amor (que leva os passarinhos a acasalar-se) existe apesar da preocupação, e que a alegria de estar solteiro, com uma alegria que se basta a si mesma (caracterizada pela solidão do lírio), também existe na preocupação; deves reconhecer que, na verdade, é *esta alegria* que faz com que a sociedade exista apesar de tudo. Olhemos a questão com mais rigor ainda e reconheçamos, envergonhados, que, na verdade, são o *silêncio* e a *obediência* absolutos (nos quais o lírio e o pássaro se alegram sem reservas graças a Deus) que fazem com que o lírio e o pássaro sejam igualmente alegres, absolutamente alegres, tanto na sociedade como na solidão. Aprendamos, portanto, do lírio e do pássaro.

E se tu e eu conseguíssemos aprender a ser como o lírio e como o pássaro, far-se-ia realidade em ti e em mim a última súplica da oração que (como exemplo de todas as orações verdadeiras, que se rezam incondicionalmente com alegria), quando já não há mais nada que pedir, termina incondicionalmente alegre, glorificando e adorando: «Vosso é o reino, o poder e a glória». Sim, *dEle* é o reino, e por isso tens de guardar absoluto silêncio para não perturbar fazendo notar a tua presença. *DEle* é o poder, e por isso deves obedecer cegamente e mostrar-te cegamente obediente em tudo. E *dEle* é a Glória, e por isso tens de honrá-la sem falta em tudo o que fizeres e em tudo o que sofreres.

Que absoluta alegria! DEle é o reino, o poder e a glória por toda a eternidade! «Por toda a eternidade!» E repara bem que esse dia, o dia da eternidade, nunca tem fim. Agarra-te, portanto, sem reservas à verdade de que o reino, o poder e a glória pertencem a Deus por toda a eternidade, e então haverá para ti um hoje que nunca terá fim, um hoje em que poderás ter-te eternamente presente a si mesmo. Deixa então que o céu desabe e que as estrelas mudem de lugar no desmoronamento do universo; deixa o pássaro morrer e o lírio murchar, porque a tua alegria na adoração e tu na tua alegria sobrevivem *hoje* a toda a destruição.

Pensa, no que diz respeito a ti – não como homem, mas como cristão, isto é, do ponto de vista cristão –, que o perigo da morte tem pouca importância porque te foi dito: «Hoje estarás no Paraíso». A passagem do temporal para o eterno – a maior distância possível – é tão rápida que, ainda que se deva ao desmoronamento do universo inteiro, nesse mesmo dia estarás no Paraíso, contanto que *permaneças* em Deus. Pois se permaneceres em Deus – quer tenhas êxito ou não, quer morras hoje ou daqui a setenta anos, quer encontres a morte no mais profundo dos mares ou saltes pelos ares –, nunca serás separado dEle. *Permanece*, pois, na presença de ti mesmo em Deus, pois assim, no próprio dia da tua morte, nesse «hoje», estarás no Paraíso.

O pássaro e o lírio vivem apenas um dia, e mesmo um dia muito curto, e no entanto vivem na alegria porque, como vimos, existem realmente hoje e estão presentes a si mesmos nesse hoje. E tu, a quem foi concedido o mais longo dos dias por viveres hoje e já hoje estares no Paraíso, não deverias ser absolutamente alegre? É até a tua obrigação, pois poderias superar amplamente o pássaro na alegria. Convence-se disso e aproxima-te disso de cada vez que rezes interiormente essa oração: «Vosso é o reino, o poder e a glória para sempre. Amém».

Epílogo

Este livrinho pretendeu recordar ao cristão que a sua alegria como tal depende principalmente da prática das três virtudes que constituem a vida cristã: as virtudes teologais da Fé, da Esperança e da Caridade. E assim é pela simples razão de que estas virtudes têm por objeto diretamente o Deus da revelação e nos permitem alcançá-lo diretamente em todo o lugar e tempo. Não podemos realizar nenhum ato de fé, de esperança ou de caridade sem que nos encontremos diretamente na presença do Senhor e sem que Ele se faça presente a nós diretamente. E – para repeti-lo até a saciedade – a presença e a posse são condições essenciais da alegria.

A alegria do cristão decaiu muito nos últimos séculos. Este lamentável fenómeno tem diversas causas, uma das quais, e não a menos importante, deve ser atribuída à educação espiritual que se tem dado aos batizados. Essa educação foi, com demasiada frequência, mais moral que especificamente cristã, pois nela se deu mais importância à necessidade das virtudes *morais* – que, em última análise, têm por objeto a perfeição do homem em si mesmo –, e não tanto à necessidade de se praticarem as virtudes teologais, que realizam a união do homem com Deus.

Pois bem, é notório que quem viver com o pensamento posto constantemente em si mesmo dificilmente encontrará um motivo para alegrar-se, ao passo que a alegria é algo natural naquele que vive em Deus. Na alma em que imperam a fé, a esperança e a caridade, sempre há um rescaldo de alegria disposto a inflamar tudo de novo.

«Ninguém poderá tirar a vossa alegria». Ninguém, enquanto permanecermos firmes na Fé, na Esperança e na Caridade.

Direção geral
Renata Ferlin Sugai

Direção editorial
Hugo Langone

Produção editorial
Gabriela Haeitmann
Ronaldo Vasconcelos

Capa
Gabriela Haeitmann

Diagramação
Sérgio Ramalho

ESTE LIVRO ACABOU DE SE IMPRIMIR
A 04 DE ABRIL DE 2022,
EM PAPEL IVORY 75 g/m².

IMPRESSÃO:

PALLOTTI
GRÁFICA

Santa Maria - RS | Fone: (55) 3220.4500
www.graficapallotti.com.br